ZEBRA 1

Schreiblehrgang in Schulausgangsschrift

Erarbeitet von
Stephanie Brettschneider,
Maria Feiten,
Bärbel Hilgenkamp,
Andreas Körnich,
Gabriele Reusche,
Gerlind Schwanitz,
Barbara Weingand und
Gabi Zimmermann

Wissenschaftliche Beratung
Prof. Dr. Cordula Löffler

Ernst Klett Verlag
Stuttgart • Leipzig

Inhalt

Fingerspiel

Punkte den Besten!

Achtung! Schwierig!

i → i Übertrage von Druck- in Schreibschrift!

Mami *Mami*

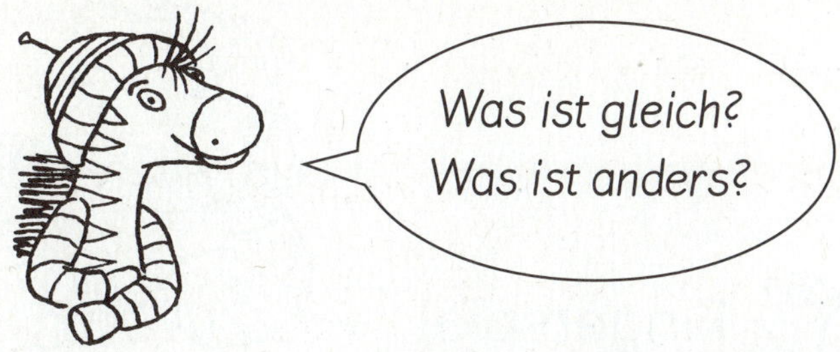

Verbinde die gleichen Wörter!

Dino	Nase	Affe	*Auto*
Wolke	Tisch	Feder	*Affe*
Pinsel	Dino	Maus	*Eis*
Nase	Wolke	Auto	*Maus*
Tisch	Pinsel	Eis	*Feder*

Sammle Unterschriften!

Wen kannst du fragen?

Kannst du deinen Namen in Schreibschrift schreiben?

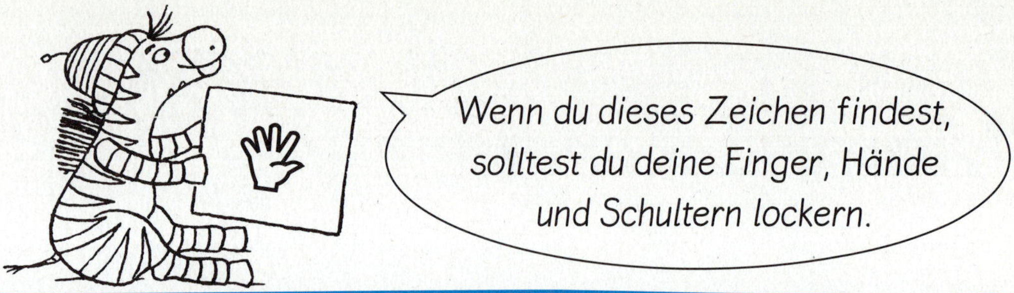

Fingerspiel

Himpelchen und Pimpelchen

Himpelchen und Pimpelchen

stiegen auf einen Berg.

Himpelchen war ein Heinzelmann
und Pimpelchen war ein Zwerg.

Sie blieben lange da oben sitzen
und wackelten mit den Zipfelmützen.

Doch nach fünfundzwanzig Wochen
sind sie in den Berg gekrochen,

dort schlafen sie in guter Ruh.

Seid mal still und hört mal zu!

Krr-krr-krr.

TSOC

TSOC

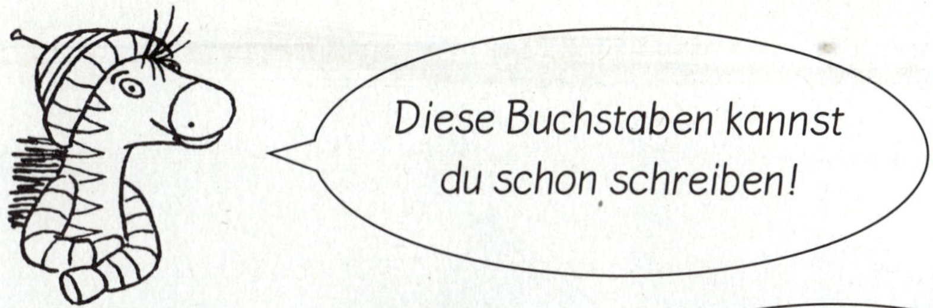

FHDPBKR

FHDPBKR

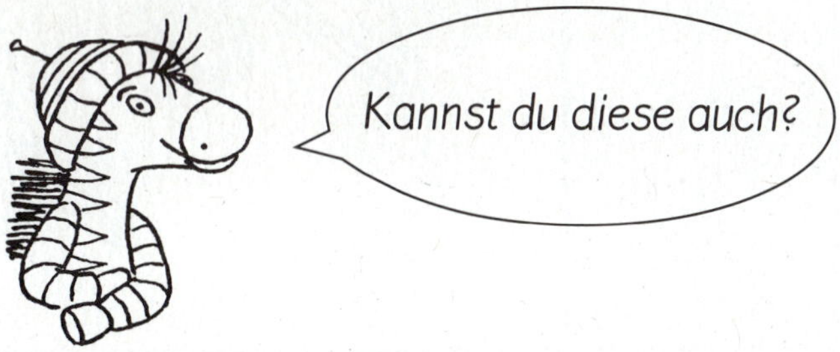

⚠ Beginne immer beim Punkt!

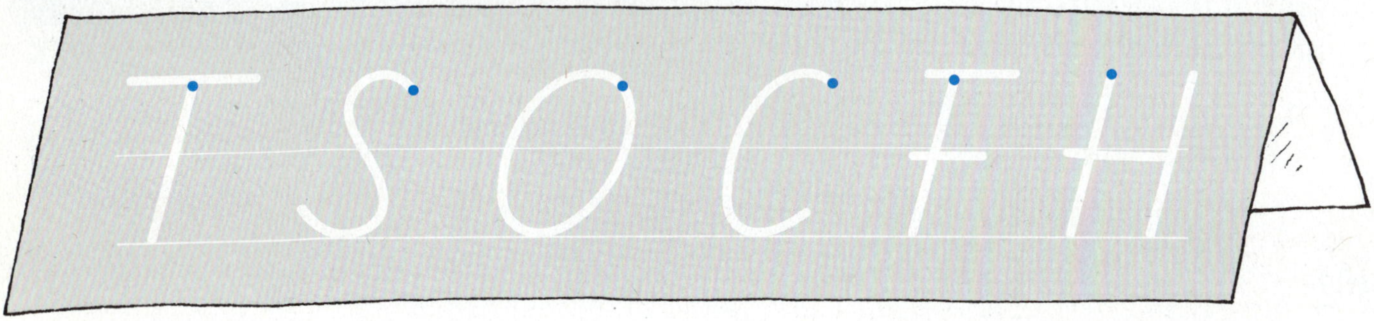

T *TF* *F*

H *HK* *K*

O *OC* *C*

D *DP* *P*

B *BR* *R*

S *S*

Fünf Freunde

Fünf Freunde sitzen dicht an dicht.
Sie wärmen sich und frieren nicht.
Der erste sagt: „Ich muss jetzt gehen."
Der zweite sagt: „Auf Wiedersehen!"
Der dritte hält's auch nicht mehr aus.
Der vierte läuft zur Tür hinaus.
Der fünfte ruft: „Hey ihr, ich frier!"
Da wärmen ihn die anderen vier.

Setze einen Punkt unter den Besten!

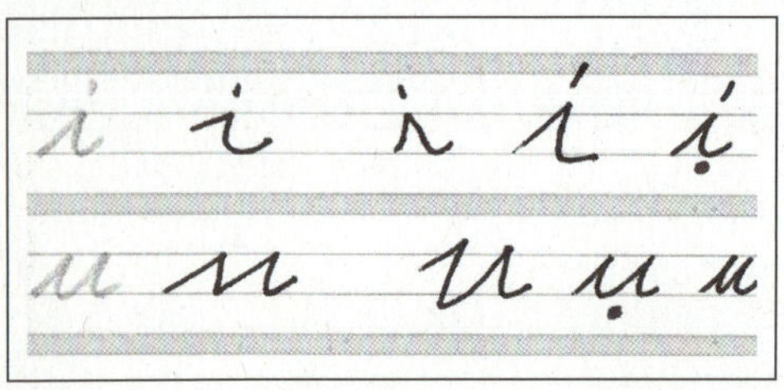

n	m
n	*m*
p	r
p	*r*

n p m r

p m r n m n p r r m m r n p n p r

n *n*

m *m*

p *p*

r *r*

i m im

Verbinde die Buchstaben von der Grundlinie aus!

im

in

um

nun

nur

a	d
a	*d*
c	o
c	*o*

a c d o

c o d a a c d o o a a c d c o d

a a d d

c c o o

a d o a d o

und da

Achtung! *Om Om*

Setze an der Grundlinie an!

Opa

Baum

Dino

Sand

Tim und Tina

e	l
e	*l*
h	
h	

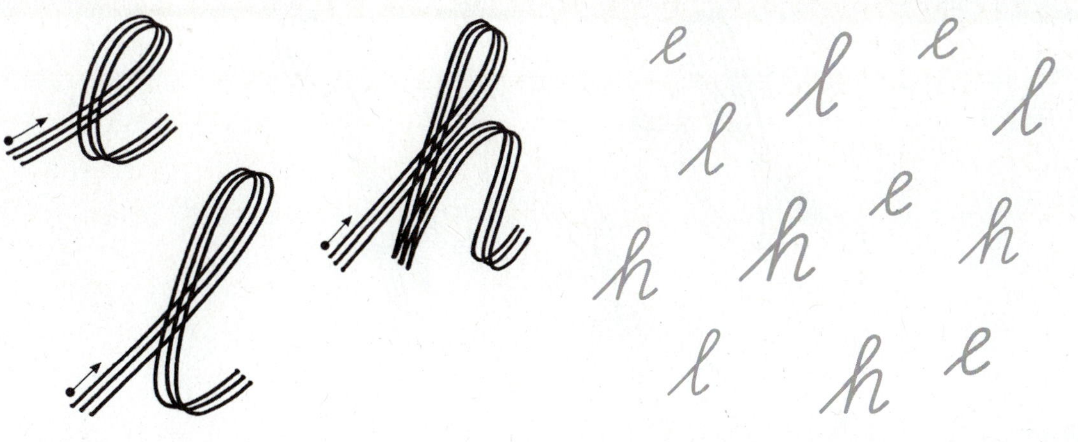

l *e l* *l*

h *h*

e l h *e l h*

alle	*alle*
malen	*malen*
lachen	*lachen*
machen	*machen*
Tier	*Tier*

i → *i* Übertrage in Schreibschrift!

Die Kinder malen ein Tier.

b	k
b	k
f	
f	

b k f

halb	halb
fein	fein
helfen	helfen
kaufen	kaufen

i → i

Tim kann fein malen.

g j

g *j*

Übe die untere Schleife!

gelb	*gelb*
gleich	*gleich*
gehen	*gehen*
ja	*ja*
jeder	*jeder*

Teste dich!

Ergänze die fehlenden Schreibbuchstaben!

m	p	d	f	r	i	n	a	b	k	o	u

i → *i*

lachen fein malen

helfen kann klein

Ist dir alles gelungen? Übe weiter!

Wähle aus!

Kino Dame kaufen nein jagen gleich

Dino Blume laufen kein hier und

⚠ r u | r u | ru   r e | r e | re

Verbinde an der Mittellinie!

ru   rufen

ro   rodeln

ri   riechen

re   reden

bi   bin

be   bei

ol   holen

och   kochen

⚠ ba re obe ru

bauen		reden	
oben		Bruder	

t

t

t t t t t t t t

t

turnen

treffen

s

s

s s s s s s s s

s

stehen

spielen

schreiben

A N

A *N*

M

M

Mama

Nase

Au *Af* Verbinde an der Mittellinie!

Auto

Affe

i → *i*

Mama hat blaue Augen.

v V

v V

w W

w W

V W

V W

v w W V v v w W w V v W

v v w w

V V W W

Va Wi Setze an der Grundlinie an!

Vater

Wind

vi wo wa we

vier	*vier*	was	*was*
wo	*wo*	wer	*wer*

Vergleiche und übe! *b v w*

b v w

be ve we

I J

J J

J J J J J J J J J J

J

J

Ig In Setze an der Grundlinie an!

Igel

Insel

Juni

Juli

i → i

Der Junge findet einen Igel.

Teste dich!

Ergänze die fehlenden Schreibbuchstaben!

W	t	s	M	w	g	l	A	N	V	v

Verbinde die zusammengehörenden Sätze!

Alle Kinder lernen lesen. — *Ich singe gern.*

Ich singe gern. — *Was machst du gern?*

Was machst du gern? — *Alle Kinder lernen lesen.*

i→*i*

Viele Kinder schreiben gern am Computer.

Kannst du Schreibschrift lesen?

Schreibe ja oder nein!	*ja*	*nein*
Kannst du schon lesen?		
Bist du ein Junge?		
Isst du gern Nudeln?		
Kannst du Auto fahren?		

Ist dir alles gelungen? Übe weiter.

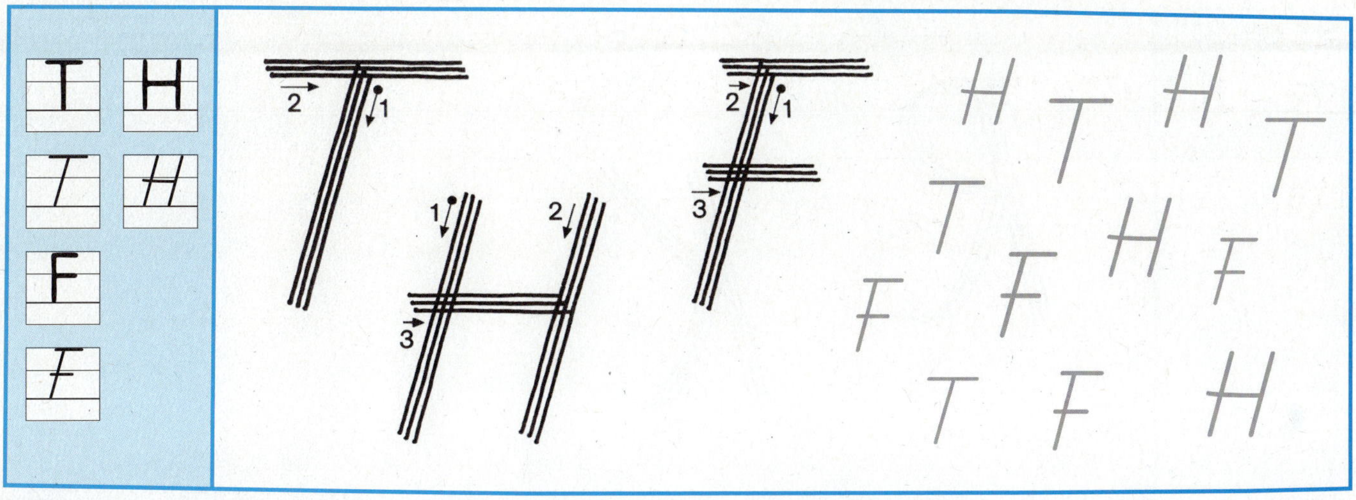

i→*i*

⚠ *Ta Te Ti*

Tasse | Tee | Teller | Tisch

Tasse

⚠ *Ha He Ho Fo Fe*

Haus | Heu | Hof | Foto | Fee

Haus

i→*i*

Auf dem Tisch
liegt ein Fisch.

R K

R *K*

R K

K R K R R K R K

R R

K K

Regen

Reise

Kind

Kuchen

i → *i*

Ri, ra, rutsch,
wir fahren mit der Kutsch.

D	P
D	*P*
B	
B	

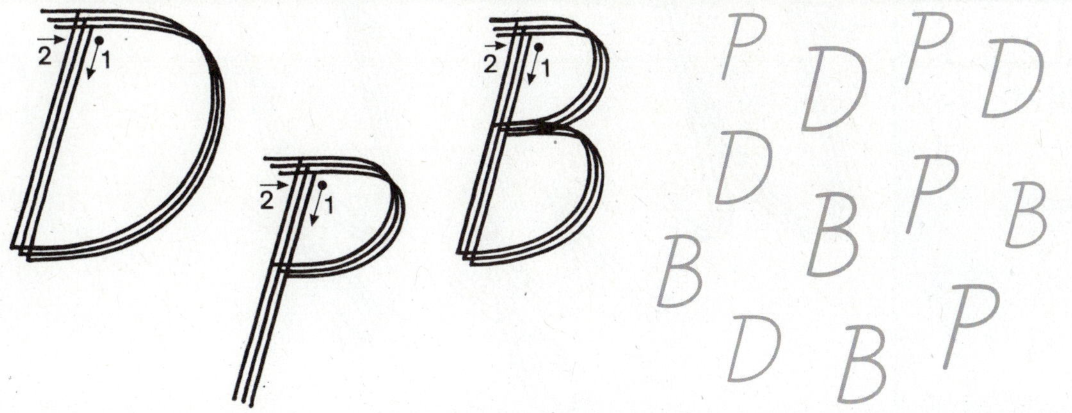

D *D* *P* *P*

B *B*

Da Pa Bu

Dach

Papa

Buch

i → *i*

Dienstag Donnerstag

Puppe Blatt Papier

U Y
U Y
y
y

U y Y

U y U y y U y y y y U y

U

Y

y

Uhr

Upsilon

Baby

i → i

Uhu

Yacht

Teddy

Handy

C O
c o
G
g

C o g

g o g c o c c o g o c c o c g

C C O O

G G

⚠ Om

Cola

Oma

Gabel

i → i

Cola

Geist

Obst

Geige

Ä Ä Ö Ö Ü Ü ä ä ö ö ü ü

⚠ Setze die Striche genau!

Äpfel

Öl

Übung

Mädchen

schön

Tür

aus au wird äu

der Baum	die
das Haus	die

i → i Bei einem Baby ist alles klein!

die Äuglein, das Mündchen, die Händchen, das Bäuchlein

E
Ɛ

Ɛ

Ɛ Ɛ Ɛ Ɛ Ɛ Ɛ Ɛ Ɛ

Ɛ Ɛ

Eis

Elefant

S
S

S

S S S S S S S S

S S

Sack

Schwein

Stern

Achtung! Übe besonders die Wellen!

Leiter

Lupe

Lampe

Löffel

i → *i*

Laterne, Laterne
Sonne, Mond und Sterne.

Z z
Z z

Z z

Z z Z z z Z z Z

Z Z

z z

 Zahn

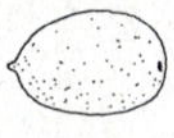 Zitrone

10 zehn

2 zwei

i → i

Zehn zahme Ziegen
zogen zehn Zentner
Zucker zum Zug.

Qu qu

Qu qu

Qu qu

Qu qu qu Qu Qu qu Qu qu

Qu Qu

qu qu

Quark

quer

i→i

Quadrat

Qualle

Quark

i→i

Die Frösche quaken.
Die Schweine quieken.

X x

X x

Xy xe

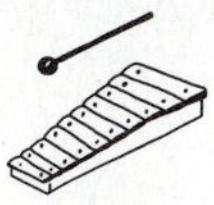

Xylofon

Hexe

hexen

Lexikon

i → *i*

Boxer

Nixe

Taxi

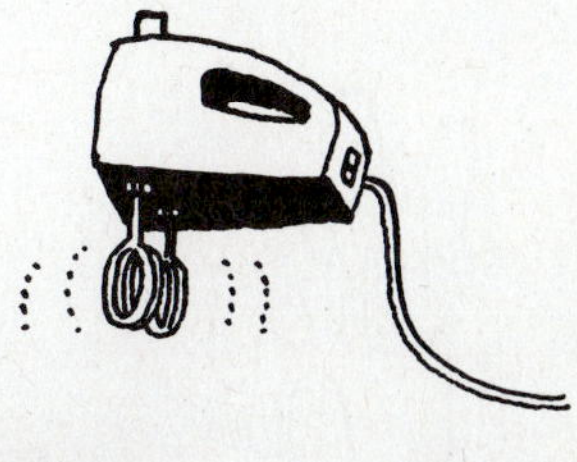

Mixer

ß

ß

Fuß	*Fuß*
Straße	*Straße*
Grüße	*Grüße*

Setze die Wörter richtig ein!

weiß *süß* *heiß* *groß*

Pralinen sind

Der Schnee ist

Das Schloss ist

Das Feuer ist

Teste dich!

Ergänze die fehlenden Schreibbuchstaben!

M	D	R	B	Z	E	L	G	J	W	U	K

f	b	n	k	ß	qu	e	r	g	d	s	p

Verkehrte Welt!

Die Kinder fliegen durch die Luft.

Die Vögel lernen in der Schule.

Schreibe die Sätze richtig auf!

i → *i*

Ich kann Schreibschrift schreiben.

So verbinden wir die Buchstaben

1. Verbindungen an der Grundlinie

a	alle	h	helfen	n	neun
ch	machen	i	immer	p	putzen
d	danken	j	ja	qu	quaken
e	eins	k	kaufen	t	tanken
f	fallen	l	laufen	u	um
g	gehen	m	malen	z	zehn
B	Buch	K	Kamel	U	Uhr
Ch	Chinese	L	Licht	X	Xylophon
E	Ei	M	Mai	Y	Ypsilon
G	Geld	Qu	Quelle	Z	Zahn
J	Juni	R	Regen		

2. Angesetzte Verbindungen an der Grundlinie

D	Dienstag	O	Oma	T	Tee
I	Igel	P	Papier	V	Vater
N	Nase	S s	Saft so	W	Wasser

3. Verbindungen an der Mittellinie

b e | b e | be

b	baden bei
o	oben
r	rufen rechnen
v	vier versuchen
w	wollen weinen

A	Apfel
F	Familie Fest
H	Hand Hemd

Du kennst nun alle Buchstaben und die Verbindungen.
Zeige, was du kannst!

1. Schreibe Sätze über dein erstes Schuljahr auf!

2. Schreibe die Wörter genau unter die Vorlage!
Achte auf die Schriftweite!

Ina kann gut lesen.

Tim schreibt gern Briefe.

Unterschiedliche Linien

Schreibe den Namen nach!
Dann schreibe mehrmals
deinen Namen.

Franz

Franz

Franz

Franz

Trick: Lege dir ein Blatt
mit Linien unter!

Hefte beschriften

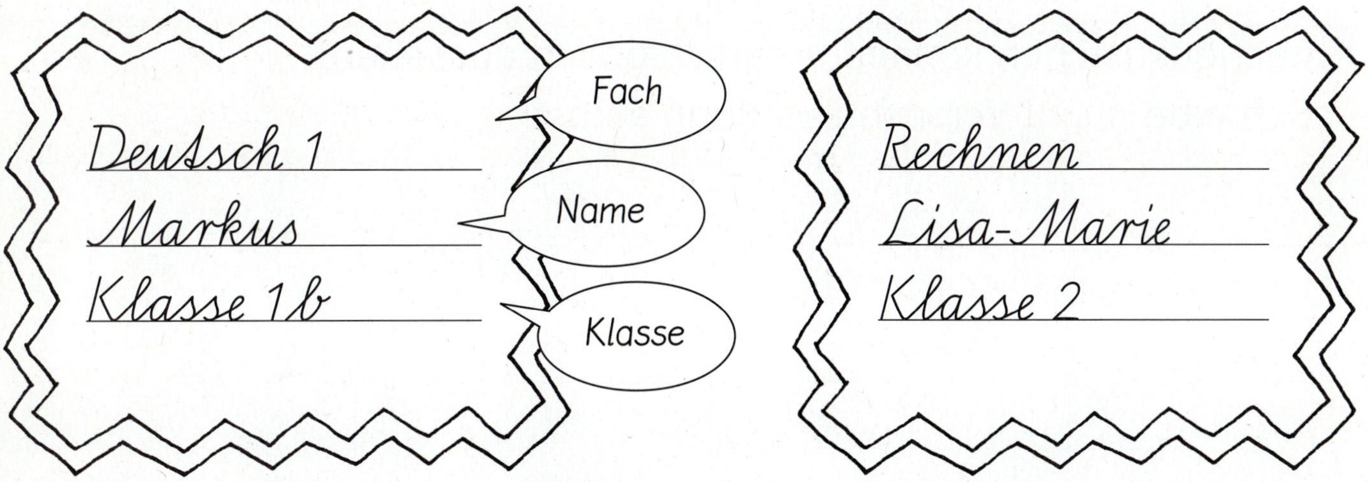

Probiere es nun selbst!

In Rechenkästchen schreiben

1. Rechenkästchen können unterschiedlich aussehen.
   Schreibe nach! Versuche es dann selbst!

März April
Mai Juni Juli

März April
Mai Juni Juli

2. In solche Kästchen kannst du groß oder klein schreiben!

März April
Mai Juni Juli

März April
Mai Juni Juli

3. Übe auch noch einmal die Ziffern!

1 2 3 4 5 6 7 8 9 0

1 2 3 4 5 6 7 8 9 0

1 2 3 4 5 6 7 8 9 0

4. Lies die Rechengeschichte!
Finde die Aufgabe und schreibe die Antwort!

An einem Apfelbaum hängen
52 Äpfel. Bei einem Sturm fallen
9 Äpfel runter.
Wie viele Äpfel hängen noch am Baum?
Aufgabe:
Antwort:

5. Schreibe nun selbst eine Rechengeschichte
mit der passenden Aufgabe und löse sie!

Einen Briefumschlag beschriften

Auf einem Briefumschlag oder einer Postkarte müssen die **Adresse** und der **Absender** stehen.

Deinen Absender schreibst du am besten hinten auf den Umschlag. Du musst sehr klein schreiben. Probiere es aus!

Wem willst du schreiben?

Hanni Hase
Am Waldrand 12
27404 Ostereistedt

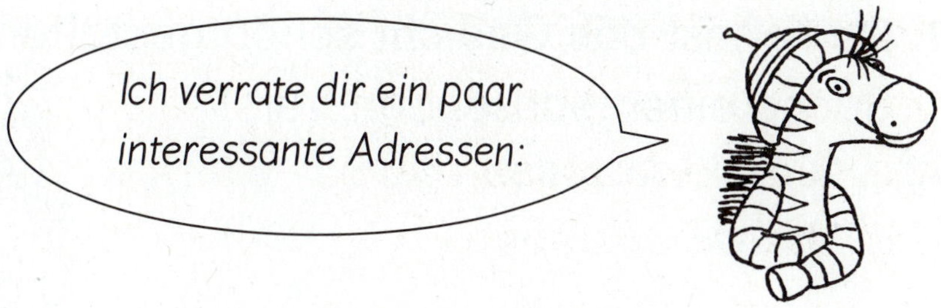

An das ZDF
Redaktion „Löwenzahn“
55100 Mainz

An den Weihnachtsmann
In Himmeltür
31137 Hildesheim

Wähle eine Adresse aus und beschrifte den Umschlag!
Gestalte selbst eine Briefmarke!

Ein Gedicht schreiben und gestalten

1. Du kannst das Gedicht schön gestalten!
   Suche einen passenden Vers!

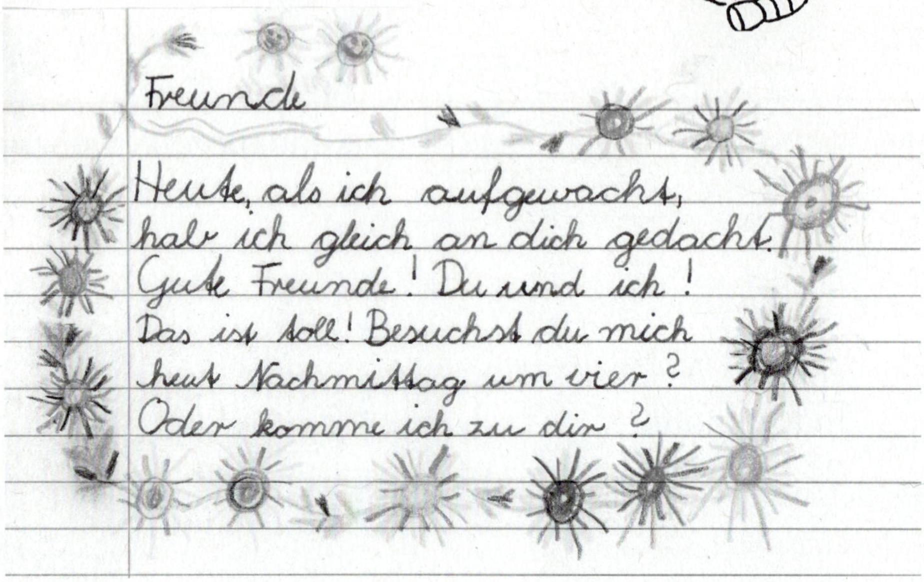

2. Die Überschrift kann man verschieden gestalten:

Freunde	**Freunde**	Freunde	Freunde
mit Farben	mit anderer Schrift	unterstreichen	mit größerer Schrift

Probiere aus, was dir am besten gefällt:

3. Versuche genau unter die Vorlage zu schreiben!

Heute, als ich aufgewacht,

hab ich gleich an dich gedacht.

Hier findest du noch mehr Tipps:

Schreibe den Text auf ein Blatt Papier,
schneide dann die Zeilen in Streifen aus!
Nimm nun ein besonders schönes Papier,
auf dem du dein Gedicht anordnen willst!

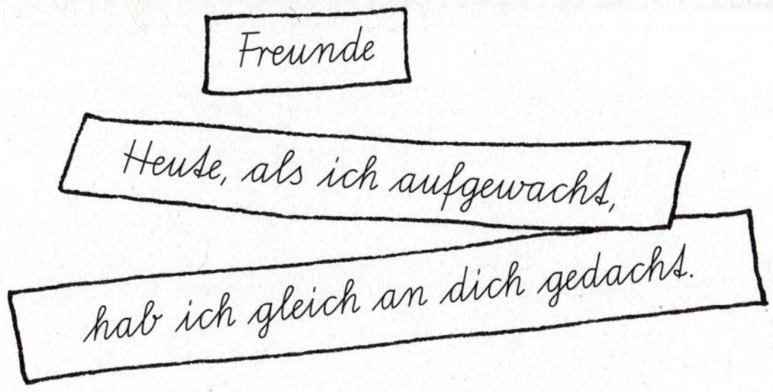

Damit die Zeilen schön untereinander stehen,
ziehe eine dünne Hilfslinie am Rand!
Lege nun die Streifen an der Hilfslinie an,
markiere Anfang und Ende mit einem Punkt!

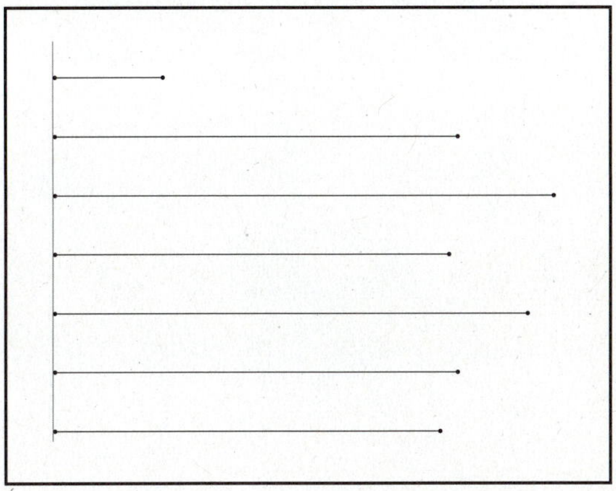

Willst du dein Gedicht auf Mitte stellen,
ziehe die Hilfslinie in der Mitte des Blattes!
Knicke dann die Streifen genau in der Mitte,
lege sie mit dem Knick an der Hilfslinie an!
Markiere Anfang und Ende der Streifen!

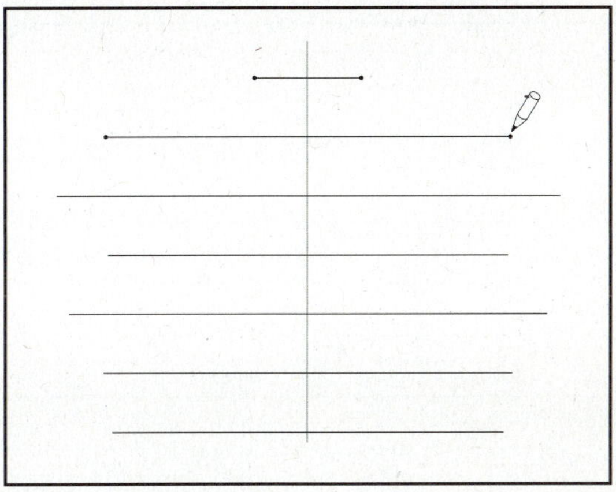

Hast du das Schmuckblatt so vorbereitet,
übertrage nun den Text mit schöner Schrift.

Zum Schluss kannst du noch einen schönen Rand gestalten.

Eine Einladung schreiben

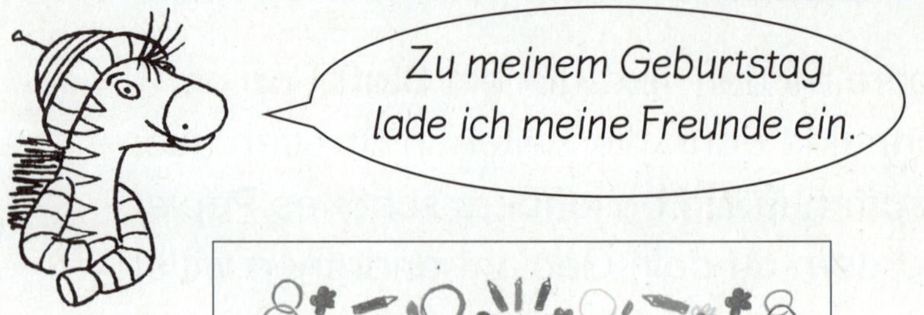

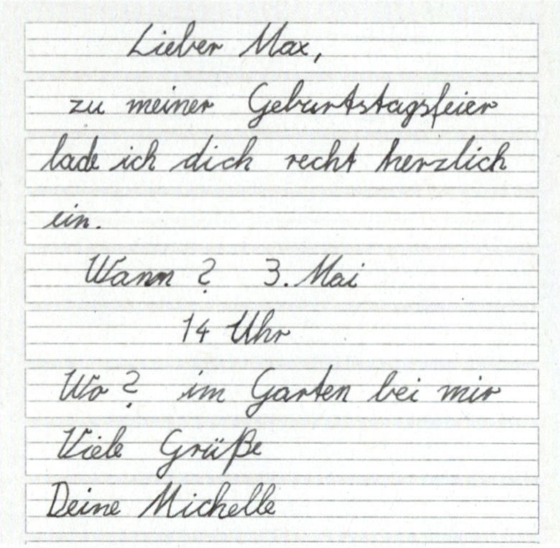
Lieber Max,
zu meiner Geburtstagsfeier
lade ich dich recht herzlich
ein.
Wann ? 3. Mai
14 Uhr
Wo ? im Garten bei mir
Viele Grüße
Deine Michelle

Schreibe selbst eine Einladung!

Ins Poesiealbum schreiben

1. Suche einen passenden Spruch!

**Der beste Weg,
Freunde zu gewinnen, ist,
selbst ein guter Freund zu sein.**

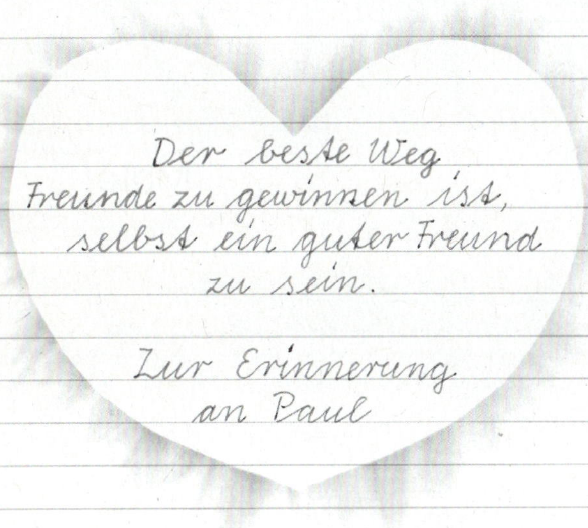

1. Schneide ein weißes Papierherz!

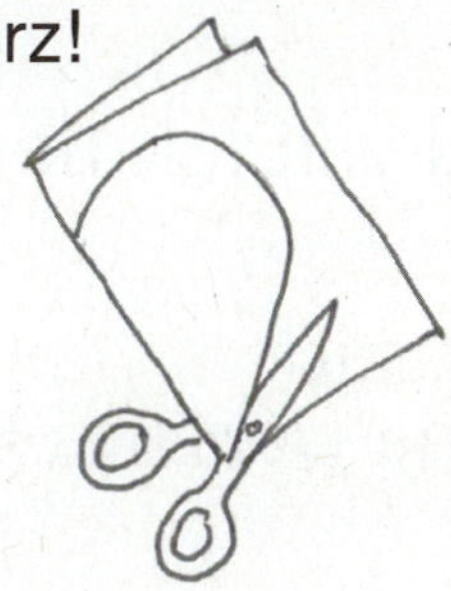

2. Male es mit rotem Buntstift an!

3. Lege es auf und streiche mit dem Finger die Farbe nach außen!

4. Nimm das Papier weg!

2. Versuche es selbst!
Lege ein Linienblatt unter!

Ich stelle mich vor

Name:

Wohnort:

Straße:

Alter:

Haarfarbe:

ich

Das will ich noch verraten

Male!

Meine Lieblings-Farbe:

Mein Lieblings-Tier:

Mein Lieblings-Essen:

Mein Lieblings-Getränk:

Mein Lieblings-Spiel:

Mein Lieblings-Wort:

Üben mit der Wörterliste auf den Seiten 47 und 48

1. Suche alle Wörter mit St, st! (4 Wörter)

2. Suche alle Wörter mit großem Qu! (3 Wörter)

3. Suche alle Wörter, die mit y enden! (3 Wörter)

4. Suche alle Wörter mit zwei Buchstaben! (8 Wörter)

5. Suche die Wörter mit zehn Buchstaben! (2 Wörter)

D S

6. Suche alle Zahlwörter! (6 Wörter)

Üben mit der Wörterliste auf den Seiten 47 und 48

1. Suche sechs Tiernamen und schreibe sie mit Begleiter auf!

das Zebra,

2. Suche die Wochentage, die mit D beginnen!

3. Suche drei Namenwörter, die mit K beginnen!
   Schreibe sie in Einzahl und Mehrzahl auf!

Einzahl	Mehrzahl

4. Bilde mit den folgenden Wörtern einen lustigen Satz.
   Versuche möglichst viele Wörter zu verwenden!

stehen · groß · Elefant · Dienstag · Wald · zehn

Wörterliste

A a
der Affe
alle
die Ameise
die Ampel
die Ananas
die Angel
der Apfel
das Auge
das Auto

B b
das Baby
der Bach
der Ball
die Banane
die Bank
der Baum
bei
der Berg
der Besen
das Bett
bin
das Blatt
die Blume
der Boxer
der Brief
das Brot
das Buch
der Bus

C c
der Cent
der Clown
die Cola
der Computer

D d
da
das Dach
der Dienstag
der Dino
der Donnerstag
die Dose
der Drachen
du
die Dusche

E e
der Eimer
das Eis
der Elefant
elf
der Engel
die Ente
der Esel
der Eskimo
die Eule
der Euro

F f
das Fahrrad
die Feder
die Fee
fein
das Feuer
der Finger
der Fisch
die Flasche
das Foto
die Frau
der Frosch
der Fuß

G g
die Gabel
die Gans
gehen
der Geist
gelb
die Giraffe
die Gitarre
gleich
groß

H h
der Hammer
die Hand
das Handy
der Hase
das Haus
das Heft
heiß
helfen
hell
das Herz
das Heu
die Hexe
hexen
die Hose
das Huhn
der Hund
der Hut

I i
ich
der Igel
der/das Iglu
im
in
der Indianer
die Insel

J j
ja
die Jacke
der Jäger
jeder
der/das Jogurt
das Jojo
der Juli
der Junge
der Juni

K k
das Kamel
der Kamm
kann
die Katze
kaufen
der Keks
die Kette
das Kind
die Kirsche
die Kiste
die Kiwi
der Korb
das Krokodil
der Kuchen

L l
lachen
die Lampe
laufen
Lego
die Leiter
der Löffel
der Löwe
die Lupe

M m
machen
malen
die Mama
die Maus
das Messer
die Milch

der Mixer
der Mund
die Muschel

N n die Nadel
der Nagel
die Nase
nass
das Nest
neun
die Nixe
die Note
die Nuss

O o das Obst
das Öl
die Oma
der Opa
der Ordner
der Osterhase

P p das Paket
die Palme
der Papa
das Papier
das Pferd
der Pilz
der Pinsel
der Pirat
die Puppe

Qu qu das Quadrat
quaken
die Qualle
der Quark
quer
quieken

R r das Rad
das Radio
die Rakete
die Raupe
rechnen
der Regen
reich
die Reise
der Ring
der Rock
die Rose
rot
rufen

S s der Sack
die Säge
der Salat
der Sand
das Schaf
der Schal
die Schaukel
die Schere
die Schnecke
die Schokolade
der Schrank
schreiben
das Schwein
die Seife
das Seil
das Sofa
die Sonne
der Spiegel
spielen
die Spinne
stehen
der Stein
der Stern
die Straße

die Suppe
süß

T t die Tafel
die Tasche
die Tasse
das Taxi
der Teddy
der Tee
das Telefon
der Teller
der Tiger
Tim
Tini
der Tisch
die Tomate
der Topf
treffen
die Tür
turnen

U u die Uhr
der Uhu
um
der Unfall

V v der Vampir
der Vater
das Video
vier
der Vogel
der Vulkan

W w der Wal
der Wald
was
der Wecker
weiß
die Wellen
wer
der Wind
wo
die Wolke
die Würfel
die Wurst

X x das Xylofon

Y y die Yacht
das Ypsilon

Z z der Zahn
die Zange
der Zaun
das Zebra
zehn
die Zitrone
zwei
der Zwerg
zwölf
der Zylinder